1898 - Décembre 16

Vente du Vendredi 16 Décembre 1898

A TROIS HEURES PRÉCISES

Hôtel Drouot — Salle n° 10

DESSINS ORIGINAUX

PROVENANT DU

Courrier Français

*

EXPOSITION PUBLIQUE

le Jeudi 15 Décembre 1898

de 2 à 6 heures

*

Me JULES PLAÇAIS
COMMISSAIRE-PRISEUR
5, rue Hyppolite-Lebas

Me ED. KLEINMANN
EXPERT, MARCHAND DE DESSINS
8, rue de la Victoire

PARIS 1898

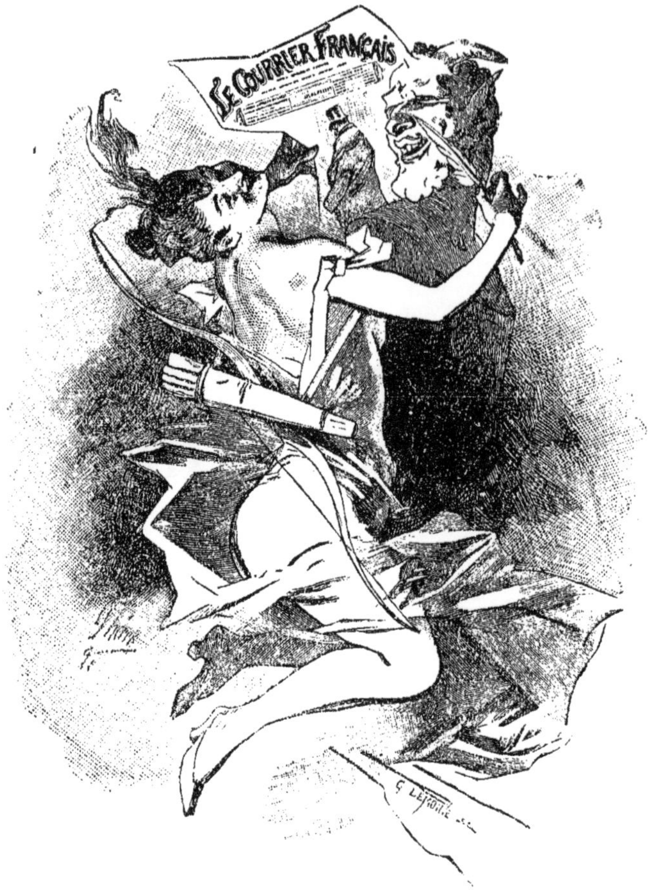
LE COURRIER FRANÇAIS

Catalogue des Dessins

MIS EN VENTE

à l'Hôtel Drouot - Salle n° 10

le Vendredi 16 Décembre 1898

Beardsley.
Chéret (Jules).
Dudley Hardy.
Faverot.
Guillaume (Albert).
Grieffenhagen (Maurice).
Hartrick.
Heidbrinck.
M. G. Lami.
Maurice.
Hermann (Paul).
Henri Pille.
Raven-Hill.
Roubille.
Rocher (Ed.).
Henry Somm.
Tiret-Bognet (G.).
Tilly.
Widhopff.
Willette (A.).

Me Jules PLAÇAIS
Commissaire-Priseur
5, rue Hippolyte-Lebas

Me Ed. KLEINMANN
Expert, Md de Dessins
8, rue de la Victoire

Exposition Publique le Jeudi 15 Décembre

Tous les Dessins sont vendus avec interdiction formelle de droit de reproduction.

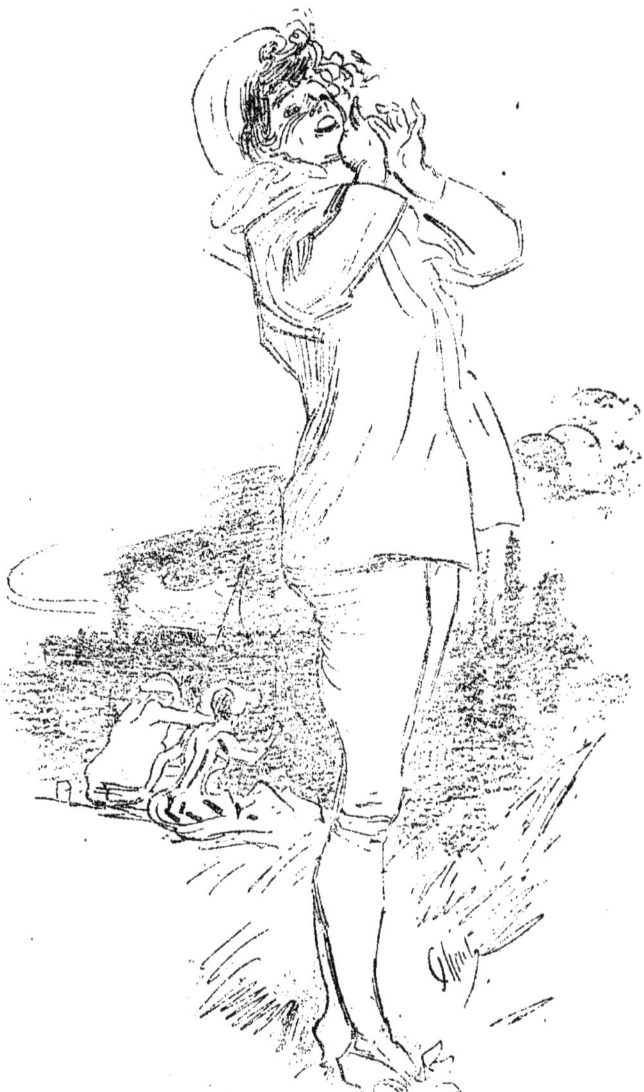

Dessin de Jules CHERET.

N. 2.

CONDITIONS DE LA VENTE

Elle se fera au comptant.

Les acquéreurs paieront, en sus des adjudications, cinq centimes par franc.

Les dessins sont vendus avec interdiction formelle de droit de reproduction.

M. Kleinmann se charge des commissions des personnes qui ne pourraient assister à la vente.

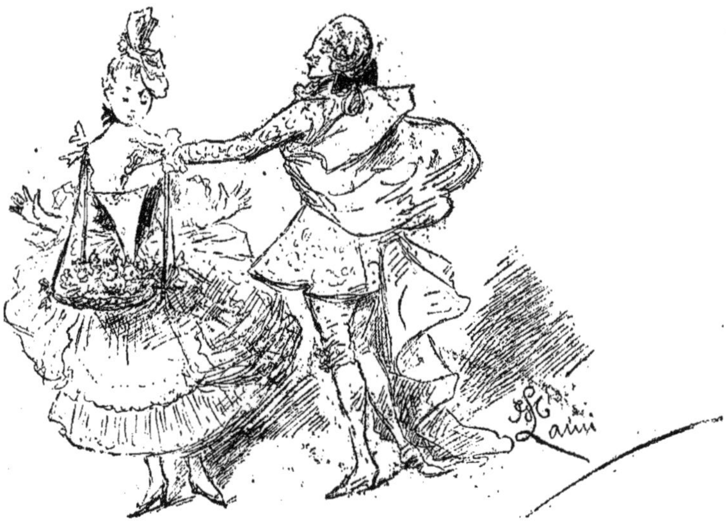

Dessin de M. G. LAMI.

N. 16.

Dessins

BEARDSLEY

1. Dessin.

JULES CHÉRET

2. Canotière.
3. Pastel.
4. Dessin.

DUDLEY HARDY

5. Gardez la chambre.

FAVEROT

6. Croquis.
7. Au Cirque. Le Duel au pain tendre.

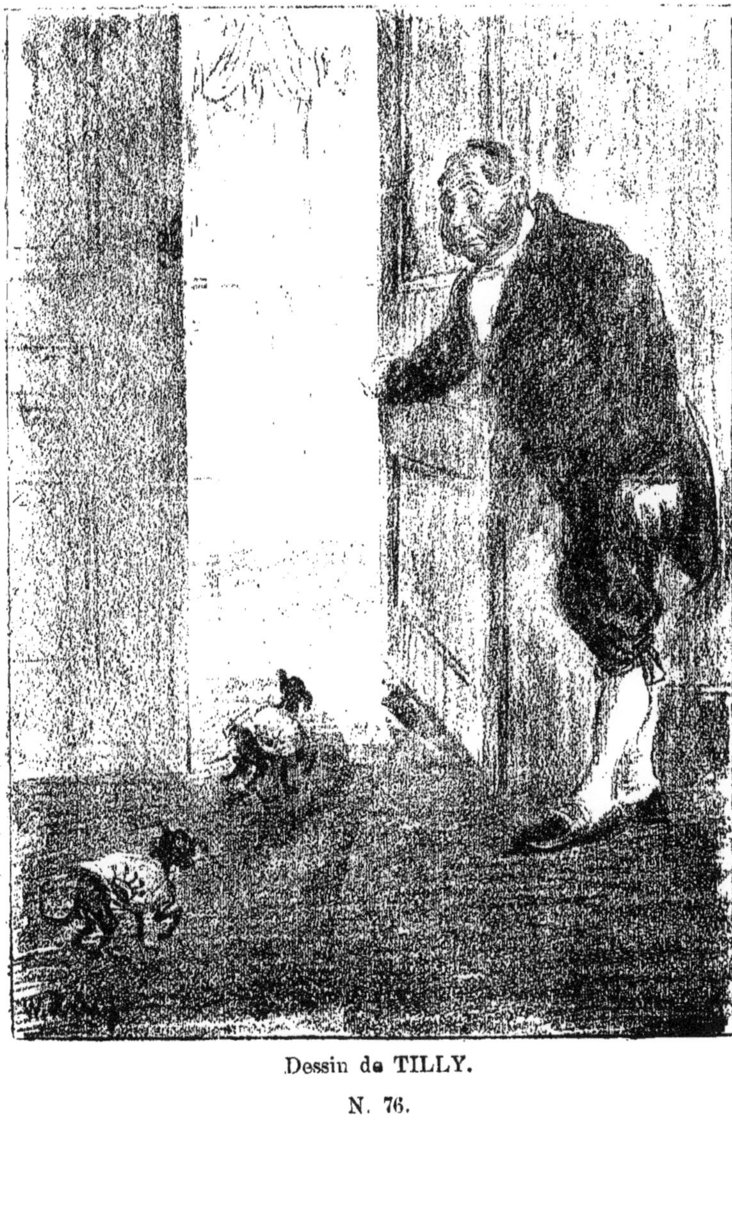

Dessin de TILLY.

N. 76.

8. Menu.
9. L'ordonnance.

ALBERT GUILLAUME

10. Nos sénateurs chez eux.
11. La Poule au pot.

MAURICE GRIEFFENHAGEN

12. A Londres. Au restaurant.
13. A Londres. Dans le Park.

HARTRICK

14. En Irlande. — Le mauvais temps.

HEIDBRINCK

15. La Roue.

M. G. LAMI

16. La façon de donner vaut mieux que ce qu'on donne. (Dessin aquarellé.)
17. Dessin pour un dîner de la Poule au pot à la Maison-Dorée. (Dessin aquarellé.)
18. Dessin.
19. Dessin.
20. Dessin.

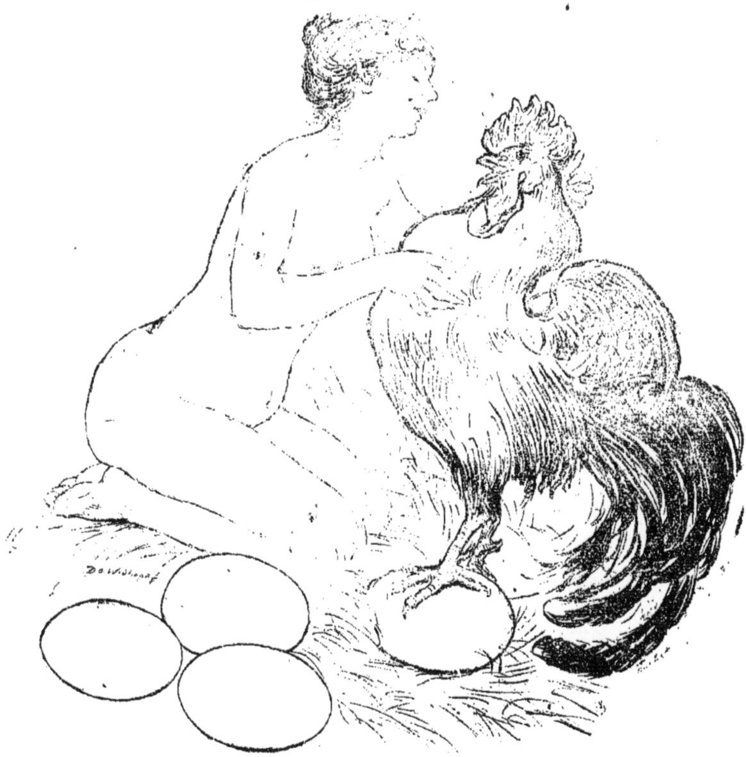

Dessin de WIDHOPFF.

N. 83.

21. Dessin.
22. Dessin.
23. Dessin.

MAURICE

24. La vague.

HERMANN PAUL

25. Croquis.
26. Croquis.
27. Au Palais de Glace.
28. Croquis.
29. Croquis.
30. Croquis.
31. Croquis.
32. La bonne d'enfant.
33. Promeneurs.

HENRI PILLE

34. Chez le photographe.
35. La grêle.
36. Paysans endimanchés.
37. Les potins.
38. La vendange.
39. Le dimanche au village un jour de neige.
40. La sultane.

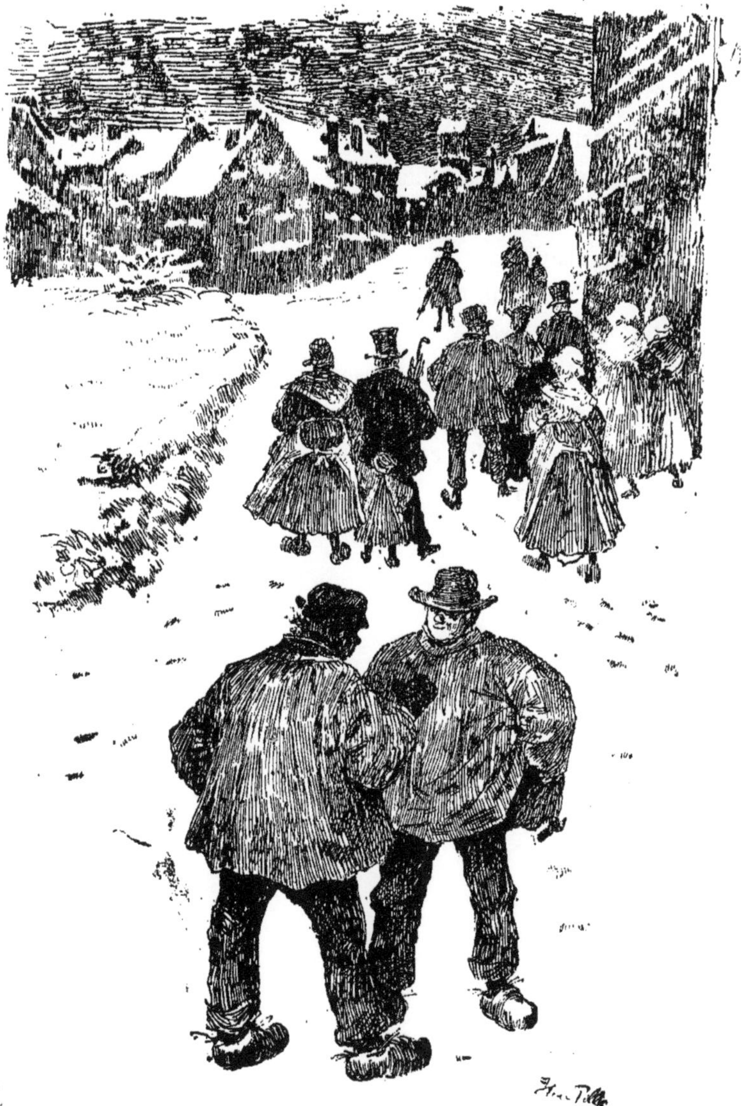

Dessin de Henri PILLE.

N. 39

41. Le sommeiller.
42. Personnages officiels.
43. Personnages officiels.
44. Personnages officiels.
45. Noël.
46. L'étudiant.
47. La réclame en Orient.
48. Le bon prêtre.
49. L'alliance franco-russe.
50. Croquis.
51. Le départ des conscrits.
52. Mauvais temps.
53. Menu.
54. Menu.

RAVEN-HILL

55. Par la neige.

ROUBILLE

56. Pied de grue.
57. Au Cirque.
58. A l'Opéra.

Ed. ROCHER

59. L'invite au voyage.

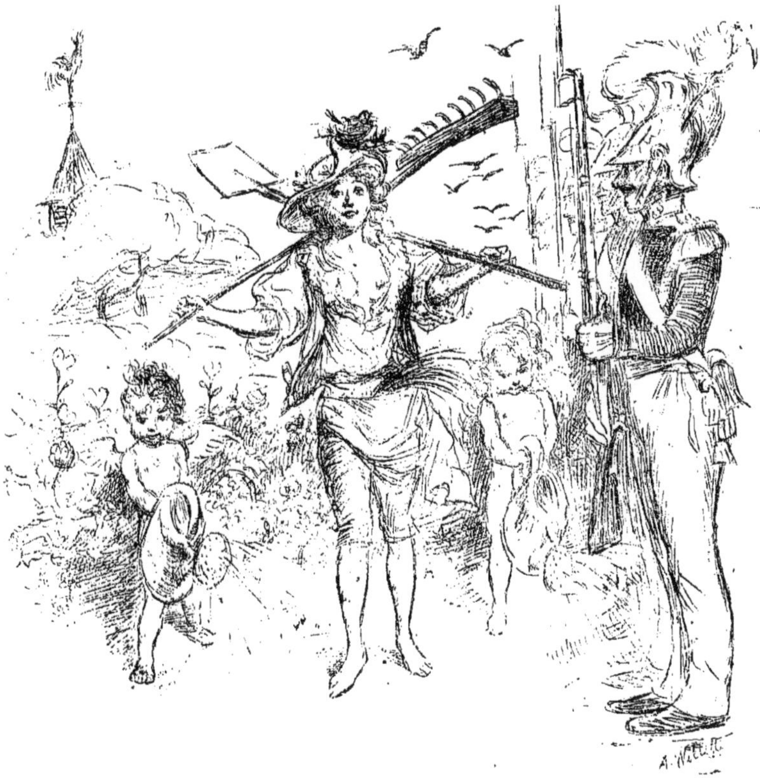

Dessin de A. WILLETTE.

N. 98.

HENRY SOMM

60. Rivales.

G. TIRET-BOGNET

61. Pour Henri Pille.

TILLY

62. Une bonne maison. Danois et King-Charles.
63. Le laveur de chiens.
64. La race chevaline. Le Cheval breton.
65. La race canine (en Angleterre). Le Basset.
66. La race canine. La Corrida.
67. Le Printemps à l'Hospice.
68. La race canine. Dogue de Bordeaux.
69. La race chevaline. La Prairie.
70. La race chevaline. Le Cob et son cavalier.
71. La race canine. Effet de la canicule. Le Saint-Bernard.
72. La race chevaline. Chez le Maquignon.
73. La race chevaline. Percherons.
74. La race chevaline. Au Haras des demi-sang.
75. La race chevaline. Cocotte.
76. La race canine. Le Terrier anglais.
77. La race canine. Fox terrier. Junior.
78. La race canine. Le Carlin.
79. La race chevaline. L'Irlandais.
80. La race canine. Le Caniche.

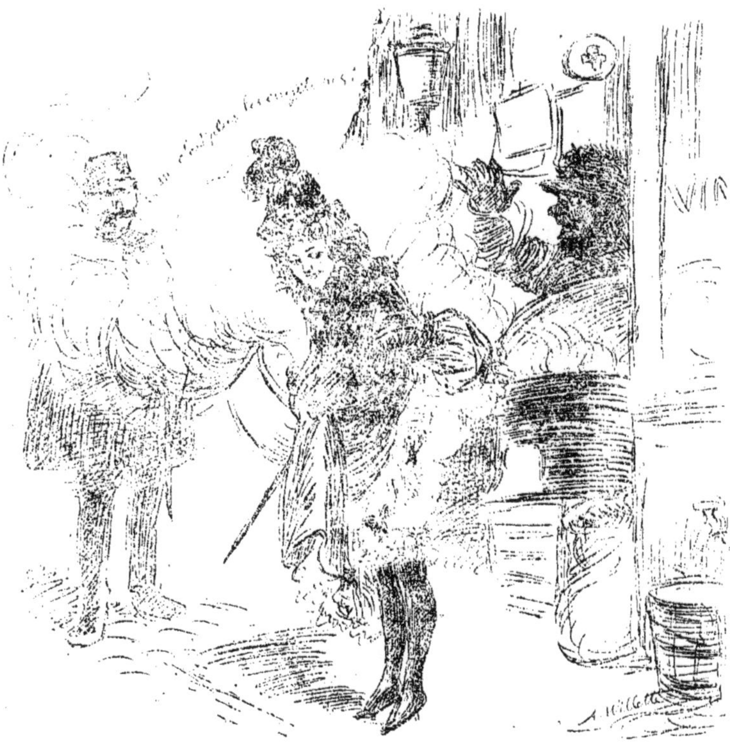

Dessin de A. WILLETTE.

N. 99.

WIDHOPFF

81. Sur le tramway.
82. Retour de voyage.
83. La Poule et le Coq.
84. Comment elles se rafraîchissent.
85. Sur la plage à Cabourg.
86. Les Bains froids en Seine.
87. En Russie : Le Vodka et le Quinquina Dubonnet.
88. Les Capociros (scènes du Brésil).
89. Dessin pour un menu.

A. WILLETTE

90. Le supplice de Damiens.
91. Ma chandelle est morte.
92. Quand on est saoul... on n'est plus embêté, l'on embête les autres... laï... tou!
93. Le *Courrier français*, 15e anniversaire.
94. La Grèce et Mimi Pinson.
95. — Tu gueules bien fort, Joseph Prud'homme pour faire oublier que ton grand-père a assassiné une reine, Marie-Antoinette.
96. Paix aux hommes de bonne volonté ! *Pax hominibus bonæ voluntatis!*
97. Le Père la Pudeur au Cirque Molier.
98. — Garde à vos!... Le Printemps!... Présentez armes!...

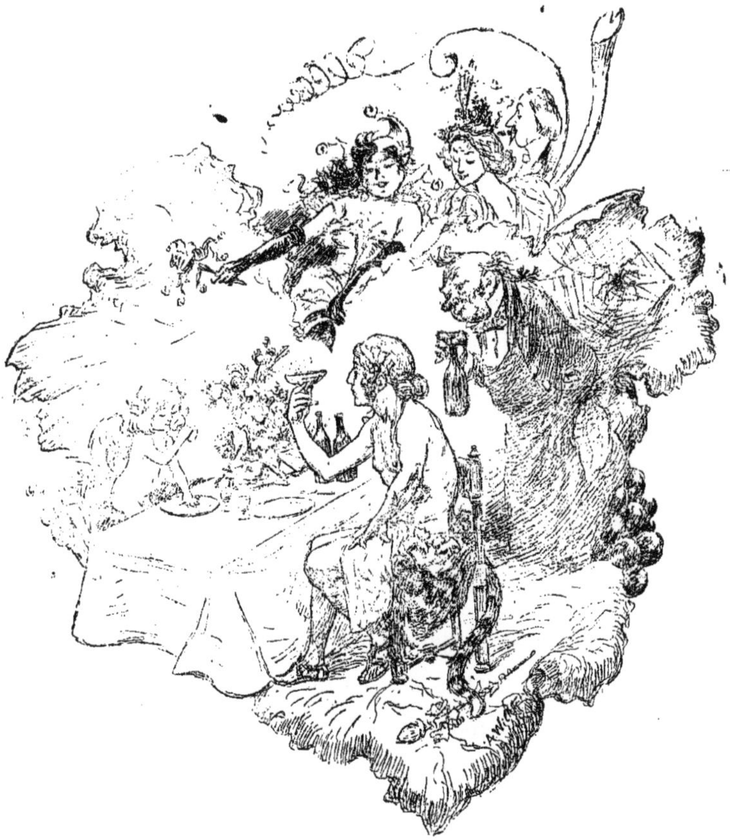

Dessin de A. WILLETTE.

N. 100.

99. Hiver : « Veux-tu bien te chauver, vilaine chale!... » — Ninette : « Ah! pitié, père Fouchtra, j'ai si mal aux dents. »

100. Le vin.

101. *Les Femmes avocates :* « Pour conclure, voici, messieurs les jurés, mes derniers et meilleurs arguments ! »

102. — Bonjour, mon oncle!...

103. *Cigale et Fourmi,* pantomime de M. Jules Roques donnée aux Ambassadeurs.

104. La toilette du petit modèle.

105. En traîneau.

106. Chacun sa Muse.

107. La Chanson.

108. Le *Courrier français* ne peut vieillir ; il a toujours conservé la mode de notre mère Eve.

109. Pour un projet de monument à Henri Pille.

110. Brouillard de Toussaint.

111. Pour *la Revue en Fêtes,* de MM. Jules Roques et Hugues Delorme représentée aux Ambassadeurs.

112. La Poule au pot.

113. Le Chemineau.

114. Dessin.

115. Le lait de Minet.

116. Un remède à Matous.

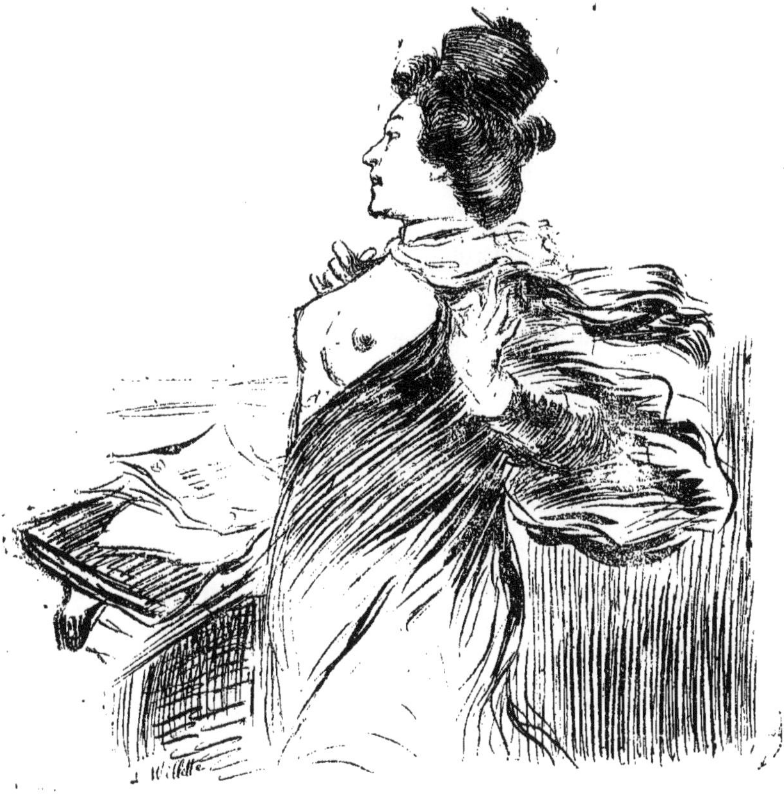

Dessin de A. WILLETTE.

N. 101.

117. — Ah! madame, que vous avez un beau minet! — Je le crois bien, il ne veut boire que le lait du Domaine des Pins.

118. Printemps de 1898.
Prière : « Seigneur, cette pluie nous rend ivres de rage, et pourtant nous avons soif de soleil et d'amour. »

119. — Pour montrer sans crainte du rhume, ce sein que je ne saurais voir, prenez, belle Rosine, de ces Pastilles Poncelet.

120. La Patineuse enrhumée.

121. La Vieille garde : « Amour, viens donc, j'temmène à la campagne. » Et l'autre lui répond : « Vas-y, vas-y; moi je reste à Paris. »

122. Costumes pour la *Revue des Demi-Vierges*, de MM. Jules Roques et Hugues Delorme, représentée aux Ambassadeurs.

123. Costumes pour la *Revue des Demi-Vierges*.

124. Costumes pour la *Revue des Demi-Vierges*.

125. Costumes pour la *Revue des Demi-Vierges*.

126. Costumes pour la *Revue des Demi-Vierges*.

127. En l'an 1901 : » Hou, hou!... Elle est pour hommes!... »

128. Le *Courrier français* présente à ses lecteurs une meilleure année.

129. *Pour le dîner des « Mille Regrets »*.
Parisienne dansant devant un Secrétaire.

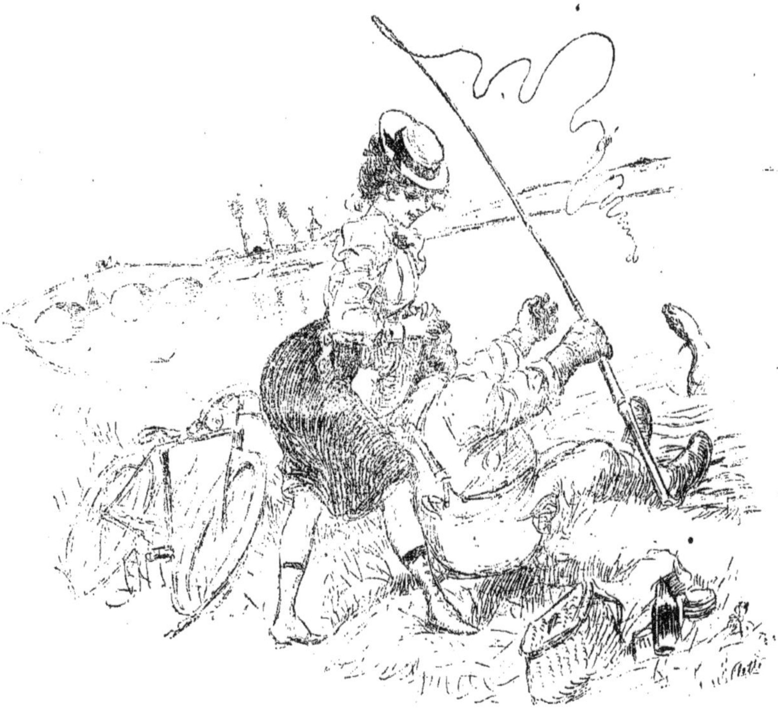

Dessin de A. WILLETTE.

N. 102.

130. Une Vente de dessins du *Courrier français* à l'Hôtel Drouot.
131. — Oh! ma mère, quelle nuit.
132. La Revue déshabillée. (Epreuve sur japon.)
133. La rue Royale. (Dessin aquarellé.)
134. Paris. (Dessin aquarellé.)
135. La rue de la Paix. (Dessin aquarellé.)
136. Fifres et Tambours. (Dessin aquarellé.)
137. La Muse de Paris. (Dessin aquarellé.)
138. L'Amour aveugle. (Dessin aquarellé.)
139. Costumes pour la *Revue en Fêtes*, de MM. Jules Roques et Hugues Delorme, représentée aux Ambassadeurs.
140. Le Couronnement de la Muse.
141. Costumes pour *Chacun sa Muse*, revue de MM. Jules Roques et Hugues Delorme, représentée à l'Alcazar d'Eté.
142. Costumes pour la revue *Chacun sa Muse*.
143. Costumes pour la revue *Chacun sa Muse*.
144. La Cigale.
145. Costumes pour la revue *Chacun sa Muse*.
146. Les Nourrices. (Costumes de la revue *Chacun sa Muse*.
147. Croquis.
148. Croquis.
149. Croquis.
150. Croquis.
151. L'Humidité.

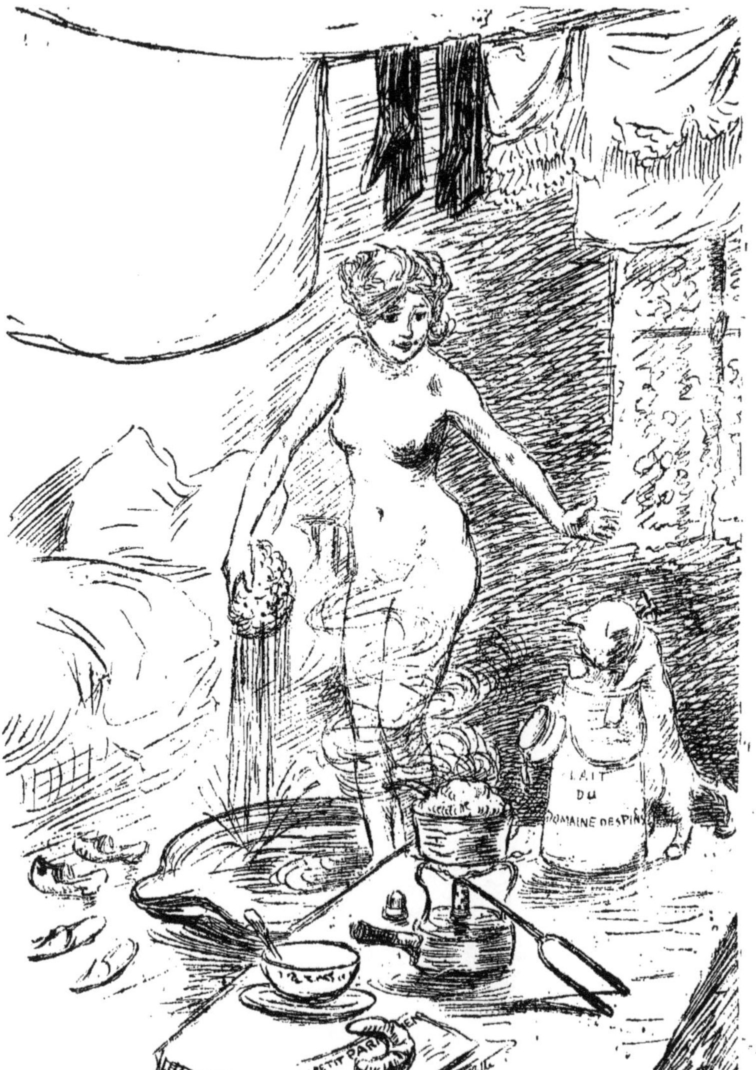

Dessin de A. WILLETTE.

N. 104.

152. La Pluie.
153. Le Vent.
154. La Glace.
155. La Neige.
156. Au bord de l'Océan.
157. Trottin.
158. L'Aveugle.
159. Trottin.
160. En faction.

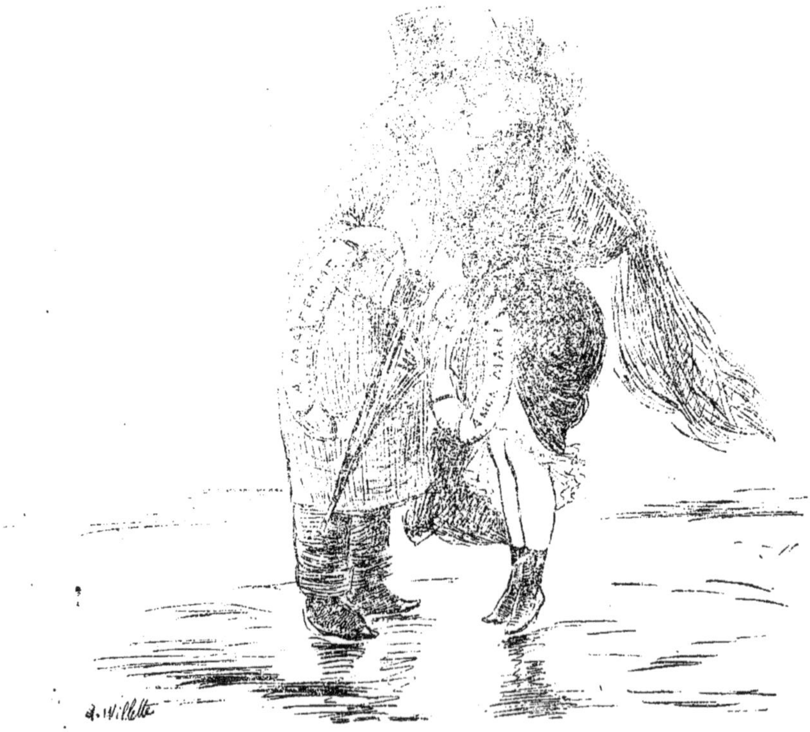

Dessin de A. WILLETTE.

N. 110.

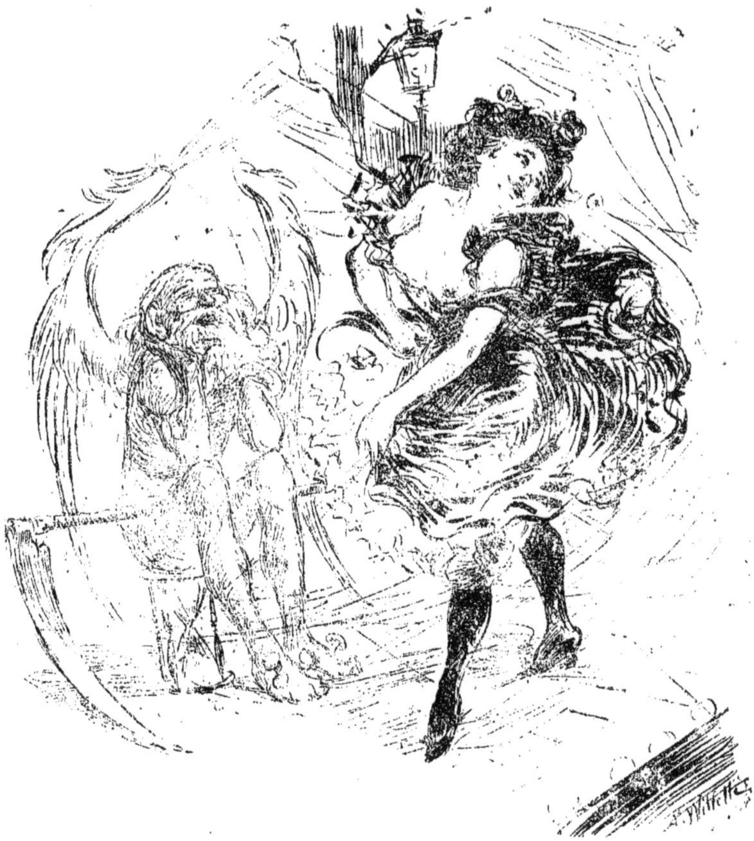

Dessin de A. WILLETTE.

N. 107.

www.ingramcontent.com/pod-product-compliance
Ingram Content Group UK Ltd.
Pitfield, Milton Keynes, MK11 3LW, UK
UKHW032028260826
14628UKWH00006B/2804

9 782329 435466